# Cartes du vieux Londres

GE Mitton

Writat

Cette édition parue en 2024

ISBN : 9789359948676

Publié par
Writat
email : info@writat.com

# NOTE DE L'ÉDITEUR

Un atlas des cartes du vieux Londres, montrant la croissance de la ville au fil des siècles successifs, est désormais publié pour la première fois. Jusqu'à une date récente, les cartes représentées ici n'avaient été reproduites sous aucune forme et les originaux étaient hors de portée de tous, sauf de quelques-uns. La London Topographical Society a fait un travail admirable en recherchant et en publiant la plupart d'entre eux ; mais ces reproductions sont, autant que possible, des fac-similés des originaux en ce qui concerne la taille, ainsi que tout le reste. Ce n'est pas tout le monde qui a les moyens d'appartenir à la société ou qui souhaite manipuler les cartes en grandes feuilles. Sous leur forme actuelle, ils sont présentés dans un cadre si pratique qu'ils constitueront un ouvrage de référence utile même pour ceux qui possèdent déjà des ouvrages à grande échelle, et, pour ceux qui ne les possèdent pas, ils seront d'une valeur inestimable.

Les cartes présentées ici sont les meilleurs exemples de celles existantes et sont choisies parce que chacune est représentative d'une période particulière. Tous sauf un ont paru dans les volumes du grand et exhaustif « Survey of London » de Sir Walter Besant, pour lequel ils ont été préparés, et les éditeurs croient qu'en les proposant séparément des livres sous cette forme pratique, ils consultent les intérêts d'un un très grand nombre de lecteurs.

L'exception mentionnée ci-dessus est la carte connue sous le nom de Faithorne , montrant Londres telle qu'elle était avant le Grand Incendie ; ceci est ajouté à des fins de comparaison avec celui d' Ogilby , qui montre Londres reconstruite par la suite. Outre les cartes proprement dites, il existe quelques vues plus petites de certaines parties de Londres, qui sont toutes incluses dans l'Enquête.

L'atlas ne prétend en aucun cas être exhaustif, mais est représentatif des différentes périodes traversées par Londres et montre de la manière la plus frappante le développement de la ville .

Je dois reconnaître l'aide précieuse que j'ai reçue de M. George Clinch, FGS, dans les nombreuses difficultés qui sont survenues au cours de sa préparation.

G.E. MITTON.

# PANORAMA DE LONDRES
## PAR ANTONY VAN DEN WYNGAERDE

**Description.** — C'est la première représentation de Londres qui nous soit parvenue. À vrai dire, il ne s'agit pas d'une carte, mais d'une image ; mais comme beaucoup de cartes anciennes appartiennent plus ou moins à la même catégorie, nous n'avons pas besoin de l'exclure pour cette raison. De tels dessins topographiques sont susceptibles d'induire en erreur, en raison des immenses difficultés de perspective : en témoignent les misérables échantillons colportés à l'heure actuelle sur les trottoirs. Mais, compte tenu des difficultés, cette carte de Wyngaerde est merveilleusement précise, et elle a l'avantage d'être pleine de détails architecturaux qu'aucune véritable carte ne pourrait donner.

**Designer.** — On sait peu de choses sur Wyngaerde lui-même. On suppose qu'il était Flamand et qu'il serait venu en Angleterre à la suite de Philippe II. d'Espagne. On sait qu'il a réalisé d'autres dessins topographiques. La date de celle reproduite ici ne peut être fixée avec une parfaite certitude, mais doit se situer entre 1543 et 1550.

**Original.** — L'original se trouve dans la collection Sutherland de la bibliothèque Bodleian d'Oxford, et mesure 10 pieds sur 17 pouces et est divisé en sept feuilles. Une trace de celui-ci, réalisée par N. Whittock , peut être vue dans la Crace Collection, Prints Department, British Museum ou dans la Guildhall Library.

La présente reproduction est issue de celle réalisée par la London Topographical Society, qui a photographié l'original.

Il est réduit, et est ici disposé en trois sections, qui se chevauchent pour faciliter la manipulation.

# JE.

**Détails.** — Si nous examinons la première section, qui est celle à l'extrême ouest, nous voyons l'abbaye, à peu près telle qu'elle est actuellement, à l'exception des tours ouest de Wren. Sur le site des Chambres actuelles du Parlement se trouve le Palais du Roi à Westminster. Il est impossible ici de traiter cela en détail, car si cela était tenté pour tous les bâtiments de cet atlas, l'espace manquerait. Un récit concis de Westminster peut être trouvé dans le livre de ce nom dans la série *Fascination of London*. Le point principal du palais est la chapelle Saint-Étienne, dont il ne reste aujourd'hui que la crypte. Environ quinze ou vingt ans avant la date de cette carte, le roi Henri VIII. Il avait réclamé Whitehall à Wolsey et s'y était transféré du vieux palais, qui devenait en ruine.

De l'autre côté de la rivière, en face de Westminster, se trouve Lambeth, debout dans un bosquet d'arbres.

Au-delà de Westminster, vers l'ouest, tout est un terrain découvert, au milieu duquel nous voyons l'hôpital Saint-James, où se trouve aujourd'hui le palais Saint-James. Bien qu'encore marqué « Hôpital », il avait déjà été annexé par le roi. Là où se trouve aujourd'hui Trafalgar Square, la carte montre les King's Mews, construits par Henri VIII. pour ses faucons. Charing Cross est marquée par la croix érigée à la mémoire de la reine Eleanor. Le long des berges de la rivière se trouve une frange de belles maisons et de feuillages. Nous pouvons choisir un ou deux de ces bâtiments princiers, à savoir Durham House, Savoy Palace et Somerset House (voir *The Strand* dans la série ci-dessus). L'église Saint-Clément Danois n'est séparée de la campagne que par une seule rangée de maisons.

Sur la rive ouest de la rivière Fleet se trouve Bridewell, construit par Henri VIII. en 1522 pour le divertissement de l'empereur Charles Quint. Ici, en 1529, Henry et Katherine séjournèrent alors que la légalité de leur mariage était contestée à Blackfriars à travers la flotte. Nous arrivons ensuite au vieux Saint-Paul, portant toujours sa haute flèche, destinée si bientôt à s'effondrer. Entre elle et la rivière se trouve l'une des anciennes places fortes les plus célèbres, le château de Baynard . À l'extrême droite de la carte se trouve le port de Queenhithe , que tout promeneur de la ville peut voir aujourd'hui.

# II.

En tournant la page, nous voyons la vieille ville telle qu'elle était avant l'incendie, composée de maisons en bois à pignons et étages en surplomb, serrées les unes contre les autres et diversifiée par les nombreux pinacles et flèches des églises de la ville , dont beaucoup n'ont jamais été détruites. reconstruit. La ligne crénelée du mur encercle la ville au nord et Cheapside la coupe latéralement en une large route. Presque au centre de l'image se trouve le Guildhall. L'intérêt atteint son point culminant avec le spectacle du Old London Bridge, avec ses maisons irrégulières, ses arcades et sa chapelle. A noter que le graveur n'a pas omis d'indiquer les têtes délabrées des poteaux, dont une succession a orné le pont au fil des siècles (voir *La Tamise* dans la série ci-dessus).

Du côté sud de l'eau se trouve St. Mary Overies (voir *Mediæval London* , vol. II., p. 297). Il a pour voisins les maisons Winchester et Rochester, les résidences des évêques respectifs de ces sièges ; tandis que les fières coupoles de la Suffolk House, construite *vers* 1516 et utilisée plus tard comme Monnaie, sont clairement visibles. Les maisons qui s'étendent jusqu'au premier plan du tableau sont magnifiquement délimitées et peuvent être considérées comme des modèles de l'architecture élisabéthaine ; tandis que l'homme à la harpe et le cavalier sont assez clairement attirés pour montrer leur époque par le style de leur costume. Wyngaerde a dû faire son enquête à partir d'un certain point derrière ici , car il est manifestement impossible qu'elle ait pu être faite depuis Suffolk House, comme l'a déclaré une autorité.

# III.

Il y a trois objets si frappants dans ce tableau qu'ils attirent immédiatement l'attention à l'exclusion de tout le reste : l'abbaye de Bermondsey , la tour de Londres et le palais de Greenwich. À Bermondsey, deux reines moururent : Katherine, épouse d'Henri V., et Elizabeth, épouse d'Édouard IV. Seulement un an ou deux avant que cette carte ne soit réalisée, la grande et ancienne abbaye avait été cédée au roi (pour un compte rendu complet, voir *Mediæval London* , vol. II., p. 288).

La Tour, prise dans son ensemble, est à peu près telle que nous la connaissons encore ; c'est l'une des plus anciennes reliques du passé. Notez l'horrible lieu d'exécution à proximité , ainsi que les canons et les grues primitives à l'œuvre sur le quai. Juste au-delà, vers l'est, s'élèvent les pinacles frettés de St. Katherine's près de la tour, à l'endroit maintenant couvert par les quais de St. Katherine.

de Stepney se dresse au loin à l'horizon, coupée de la ville par un océan de champs verdoyants.

En revenant du côté sud, nous voyons Says Court, Deptford, entre Bermondsey et Greenwich. Ce fut longtemps la maison de John Evelyn et fut ruinée par Pierre le Grand, qui l'occupa lors de son séjour mémorable dans ce pays en 1698. (Pour le palais de Greenwich ou Placentia, voir *Londres au temps des Tudors* .)

# CIVITAS LONDINUM

**Description.** — Il s'agit de la plus ancienne carte de Londres connue, car bien que l'enquête de Wyngaerde la précède en date, comme nous l'avons vu, il s'agit d'un panorama et non d'une carte à proprement parler. La carte actuelle, connue sous le nom de celle de Ralph Agas, présente elle-même un caractère beaucoup plus panoramique que ne le permettrait une carte moderne, et est à ce titre d'autant plus intéressante. Le premier à relier le nom d'Agas à cette carte fut Vertue (1648-1756), et il fixa la date à 1560 ; mais, comme on le verra dans la description de la planche suivante, les prétentions de Vertue à la stricte véracité ont maintenant été ébranlées, donc son témoignage doit être accepté avec prudence.

**Designer.** — Ralph Agas, arpenteur-géomètre et graveur, est décédé en 1621, et il est décrit dans le registre comme « un vieillard ». Bien sûr, il est possible qu'Agas ait vécu jusqu'à l'âge de quatre-vingt-cinq ans ou plus, auquel cas il n'était peut-être pas trop jeune pour exécuter cette œuvre en 1560, et il le dit lui-même, dans un document daté de 1606, qui a été conservé, qu'il travaillait comme géomètre depuis plus de quarante ans. L'enquête se résume maintenant à deux branches. Premièrement, Agas a-t-il vraiment réalisé la carte ? Et deuxièmement, s'il l'a fait, à quelle date l'a-t-il fait ? Il n'existe aucune preuve concluante d'un côté ou de l'autre. Il existe une étude d'Oxford, de caractère similaire, signée par lui, et bien qu'elle ne soit pas datée, on sait qu'elle a été achevée en 1578 et publiée dix ans plus tard. Sur la copie originale de celui-ci, qui se trouve au Bodleian, on trouve les lignes suivantes :

" Près Tennessee années collent l'auteur a fait un doute

Que ce soit pour imprimer ou mettre ce travail de côté

Jusqu'à ce qu'il ait planifié Londres pour la première fois

Ce dont il a toujours envie, même s'il lui est refusé

Il pense que la ville est maintenant dans sa plus grande fierté,

Et je montrerais comment c'était le meilleur voir

La trentième année de notre très noble reine .

**Original.** — Les deux premiers exemplaires connus de la carte d'Agas, qui fut d'abord gravée sur bois, sont tous deux du même numéro ; l'un se trouve à la bibliothèque Pepysian du Magdalen College d'Oxford et l'autre au Guildhall. Edward J. Francis en a fait une reproduction soignée au Guildhall en 1874, et c'est de là que notre planche actuelle est tirée. Il est bien sûr réduit, car l'original mesure 6 pieds et ½ pouces de long sur 2 pieds 4½ pouces de large. Les notes jointes à ce numéro sont celles de WH Global, FSA, l'une des principales autorités en la matière. Il doute du lien d'Agas avec la carte, mais pense que s'il en était l' auteur , cela n'aurait pas pu être fait avant 1591. Les armes dans le coin des deux plus anciennes cartes existantes sont celles de Jacques Ier, mais comme les armes sur la barge royale dans la rivière sont celles d'Elizabeth, on a supposé que les cartes sont elles-mêmes des copies d'une édition ultérieure, dans laquelle les armes ont été modifiées conformément à l'opinion conventionnelle. Les principaux points qui fournissent des données provenant de preuves internes sont les suivants : La cathédrale Saint-Paul est dépourvue de sa flèche. Celui-ci a été frappé par la foudre en 1561, la carte doit donc être postérieure à cette date. Le Royal Exchange est apparemment construit. Celui-ci a été ouvert en 1570. Northumberland House, construite vers 1605, n'a pas été commencée. Nous pouvons donc considérer de manière générale que la carte originale, qui a été gravée sur des blocs de bois, a été réalisée dans la seconde moitié du règne d'Elizabeth, et il est probable qu'elle a été réalisée par Agas.

**Détails.** — La carte regorge de détails intéressants.

En commençant dans le coin inférieur gauche, nous voyons l'église St. Margaret, la chapelle St. Stephen et Westminster Hall. Dans la rivière se trouvent des cygnes d'une taille monstrueuse. King Street, maintenant fusionnée avec Whitehall, est très clairement indiquée, ainsi que les deux lourdes portes qui barrent le passage. Le plus septentrional d'entre eux, conçu par Holbein, porte son nom et subsiste jusqu'au milieu du XVIIIe siècle. Au nord, à l'ouest, se trouve le terrain incliné ; et les cerfs paissent dans St. James's Park. Entre les portes, à l'est, se trouvent les jardins privés, dominés par le palais de Whitehall, d'apparence des plus désagréables.

Piccadilly est « le chemin vers Redinge » et Oxford Street « le chemin vers Uxbridge ». Près de Whitcomb Lane et de Haymarket, les femmes étendent leurs vêtements dans les champs pour les faire sécher, tandis que des vaches aussi grandes que des maisons paissent. St. Martin's Lane mène à St. Giles, plus particulièrement traité dans la description de la planche suivante. Les bâtiments irréguliers de St. Mary Rouncevall , une maison religieuse, n'avaient pas encore été démolis pour faire place à Northumberland House, elle-même remplacée par Northumberland Avenue. Les maisons des grands nobles, avec leurs magnifiques jardins s'étendant jusqu'au bord de l'eau, sont encore visibles. Au nord du Covent Garden, bien aménagé, propriété du doyen et du chapitre de Westminster, ne se trouvent que des arbres et des champs. En descendant rapidement le Strand, nous trouvons Temple Bar bloquant le chemin vers la ville . Il s'agit de l'ancien Temple Bar, remplacé après le Grand Incendie par celui qui nous est beaucoup plus familier et qui existait jusqu'en 1878. Une très belle illustration de l'ancien est donnée dans *Londres au temps des Tudors de Sir Walter Besant* , p. 245. Ce livre devrait certainement être étudié par toute personne désireuse de comprendre la carte. De Temple Bar, derrière l'église Saint- Clément , s'étend une large route correspondant à peu près à notre nouveau Kingsway. Plus à l'est, la rivière Fleet coule toujours fortement depuis ses hauteurs nord, traversée par de nombreux ponts, et juste à l'endroit où elle rejoint la Tamise se trouve la prison de Bridewell. Plus loin, de l'autre côté, se trouve le bâtiment de Baynard. Château, et devant lui, dans la rivière, la barge de la Reine, avec les armes royales d'Élisabeth au centre . À quelque distance du château de Baynard , un pont traverse une rue et porte la mention « The Wardrop ». C'était en réalité la garde-robe ou le dépôt des vêtements royaux ! En traçant une ligne vers le nord sur une certaine distance, nous arrivons à Smithfield, où l'inclinaison est représentée comme une progression animée. Non loin au nord se trouvent St. John's, Clerkenwell et son couvent voisin ; à l'ouest se trouve la Chartreuse. En tournant encore vers le sud, après l'église Saint-Barthélemy, nous voyons le bâtiment de l'Hôpital du Christ, fondé par Édouard VI. Il convient de noter qu'il s'agit d'un des bâtiments érigés depuis l'époque de Wyngaerde . Nous arrivons ensuite à Saint-Paul, débarrassé de sa flèche, avec devant elle l'église Saint-Grégoire, bien reconnaissable. Il y avait des édits continus contre la construction sous les règnes Tudor et Stuart, car on craignait que Londres ne devienne incontrôlable ; mais, malgré cela, les maisons ont énormément augmenté depuis que Wyngaerde a fait son relevé. L'enceinte crénelée entoure toujours la ville , mais des hameaux ont surgi à l'extérieur, notamment à Cripplegate .

Mais à l'intérieur du mur se trouvent encore de beaux jardins et des espaces ouverts, dont l'un subsiste encore aujourd'hui à Finsbury Circus. De nombreuses routes se croisent au cœur de Londres, où désormais la Banque, Mansion House et Royal Exchange se regardent. Il est difficile de déterminer, à partir du mélange de bâtiments sur la carte, si le premier Royal Exchange de Gresham est là ou non, mais cela semble être le cas. Celui-ci fut inauguré en 1570 par la Reine en personne. La tour carrée de Saint-Christophe le Stock est visible sur le terrain aujourd'hui absorbé par la Banque d'Angleterre.

En traversant maintenant du côté du Surrey, nous voyons bien en évidence les deux enclos ronds destinés respectivement à l'appâtage des taureaux et des ours. Il existe de nombreux jardins d'agrément, car le côté du Surrey fut longtemps le terrain de loisirs des Londoniens. Sur le fleuve, il y a d'innombrables wherries, et au-dessous du pont de Billingsgate de nombreux navires se regroupent ; on a même réussi à passer au-dessus du pont. Au large du Steelyard et à la Tour se trouvent des hommes et des chevaux dans l'eau. C'est un point des plus intéressants. Dans celles de la Tour, on voit clairement que l'homme remplit avec une louche les tonneaux d'eau sur le dos des animaux. Cela donne un aperçu des désagréments endurés par nos ancêtres avant que les conduites d'eau ne soient installées systématiquement dans toutes les maisons. Dans les reproductions de cette carte datant du XVIIIe siècle, curieusement, dans un cas, ce détail a disparu, et dans l'autre, il s'agit d'un homme poussant des vaches à l'eau avec un fouet ; éliminant ainsi toute sa signification. Loin au nord, à Spitalfields, les hommes pratiquent le tir à l'arc ; tandis qu'Aldgate , longtemps demeure de Geoffrey Chaucer, est bien visible un peu au nord de la tour.

Comme il convient à un homme vivant à l'époque de la Réforme, Agas ne signale pas les maisons religieuses alors en ruine ou occupées par des laïcs, mais combien d'entre elles doivent avoir encore existé ! Debout sur la Tour Blanche, et en regardant vers le nord et vers la droite, devait être visible à l'extérieur du mur Sainte-Catherine près de la Tour, Eastminster et les Sorores Minores, dont le nom reste encore dans les Minories , marqués ici. Dans la ville se trouvait Holy Trinity, près d' Aldgate . On peut en trouver quelques-uns des plans les plus rares et les plus intéressants ainsi qu'un compte rendu complet dans *Mediæval London* , vol. ii. — et non loin se trouvait le couvent de Sainte-Hélène ; également Crutched Friars, Austin Friars, Grey Friars et, à l'extrême ouest, près de la flotte, Blackfriars . On trouvera des comptes rendus complets de ces ouvrages et de bien d'autres dans le volume indiqué ci-dessus.

# LA PAROISSE DE ST. GILES DANS LES CHAMPS

**Description.** — Cette planche, comparée à la précédente, présente une forte ressemblance générale, avec une différence considérable dans les détails. En outre, ci-dessous se trouvent deux églises, dont l'une porte la mention « Église actuelle de Saint-Gilles, construite en 1734 », ce qui montre que la carte a été réalisée au plus tôt à cette date. Il s'agit en fait d'une partie d'un ensemble de cartes du XVIIIe siècle basées sur celle d'Agas, et non seulement en différant dans les détails, mais en différant également légèrement les unes des autres. Certains d'entre eux ne sont pas signés, d'autres sont signés « G. Vertue » et ont été spécifiquement revendiqués par Vertue comme ayant été réalisés par lui et basés sur la carte d'Agas de 1560. Récemment, cependant, des doutes ont été soulevés quant à la part de Vertue dans la transaction, et on croit très communément maintenant qu'il n'a fait que se procurer des cartes gravées sur étain et faites en Hollande, basées sur celle d'Agas. Il les modifia un peu en détail, puis les revendiqua comme son propre travail. Les assiettes originales en étain sont en possession de la Society of Antiquaries, Burlington House. Le présent exemple diffère de ceux-ci sur quelques petits détails. Des copies des cartes ne sont pas rares et peuvent être vues au British Museum et ailleurs.

**Détails.** — Le morceau de Londres représenté ici présente un intérêt exceptionnel. Il montre le coin de Tottenham Court Road lorsque High Street et Broad Street, St. Giles, étaient la route principale, bien avant le croisement de New Oxford Street. Elle montre, plus loin, la descente de Holborn dans la vallée de la Fleet, la « lourde colline » le long de laquelle les criminels étaient amenés de Newgate au lieu d'exécution. Il montre l'emplacement où la potence se dressa pendant quelque temps, vers 1413, avant d'être définitivement installée à Tyburn . À proximité se trouvait la taverne Bowl, où le condamné pouvait boire sa dernière bière. L'ancien hôpital pour lépreux le plus intéressant est clairement représenté. (Voir « Holborn », série *Fascination of London* .)

# "LONDINUM FERACISSIMI ANGLIÆ REGNI METROPOLIS"
## PAR HOEFNAGEL

**Description.** — Cette carte semble à première vue beaucoup moins intéressante que celles qui l'ont précédée, mais cela est dû principalement à sa petite taille. La date probable est 1572, et même si elle est inconnue, elle aurait pu être jugée approximativement par les costumes des personnages au premier plan. Il doit être contemporain, voire antérieur, à Agas, avec lequel il est intéressant de le comparer. Cette carte a été réalisée par Hoefnagel et est tirée de l'ouvrage de Braun et Hogenburg , *Civitates Orbis Terrarum* , dans lequel Braun a écrit le texte, tandis que Hogenburg et Hoefnagel ont gravé les cartes. Dans le coin supérieur gauche se trouvent les armes d'Élisabeth et dans le coin droit celles de la Ville . Dans les éditions ultérieures, les figures délicatement dessinées au premier plan sont omises. Dans ses notes sur les cartes du vieux Londres dans les actes de la Society of Antiquaries, vol. vi., M. WH Global dit qu'on ne peut pas supposer que toutes les villes du monde gravées dans l'œuvre de Braun et Hogenburg aient été fraîchement étudiées à cet effet ; et il y a plusieurs points — comme, par exemple, l'inclusion du clocher de Saint-Paul, détruit en 1561 — qui indiquent que cette version a probablement été tirée de relevés existants. L'original mesure 19 pouces sur 12¾ pouces. Les fosses d'appâtage des taureaux et des ours du côté du Surrey sont assez visibles, tout comme la barge royale, à peu près à la même position dans la rivière que sur la carte d'Agas . En voici un récit détaillé dans les propres mots de Sir Walter Besant :

**Détails.** — "C'est à certains égards plus exact que la carte plus connue attribuée à Agas. Les rues, les jardins et les champs sont tracés avec une plus grande précision, et il n'y a aucune tentative sérieuse de combiner, comme le fait Agas, une image ou un panorama avec une carte. En même temps, le géomètre n'a pas pu résister à la mode de son temps qui consistait à considérer la carte comme tracée à vol d'oiseau, de sorte qu'il a cru nécessaire de donner quelque chose d'élévation.

"Je prendrai la partie de la carte qui se trouve à l'extérieur des murs. L'enceinte de Sainte-Catherine se dresse à côté de la tour, avec sa chapelle, sa cour et ses jardins ; il y a quelques maisons à proximité, apparemment des fermes. Le couvent d' Eastminster avait entièrement disparu. Rien n'indique l'emplacement du couvent des Minories , pourtant il y avait des ruines de ces bâtiments ici jusqu'à la fin du XVIIIe siècle. À l'extérieur de Bishopsgate, les maisons s'étendaient au-delà du St. Mary's Spital, dont certains bâtiments étaient apparemment encore debout. . Du côté ouest, Sainte Marie de Bethléem se trouvait exactement sur le site de la gare de Liverpool Street, mais ne couvrait pas une superficie aussi grande ; elle semble avoir occupé une seule cour, et était probablement ce que nous devrions maintenant considérer comme une très jolie petite maison, comme St. Edmund's Hall, Oxford.

"En dehors de Cripplegate , les maisons recommencent, partant entre les Lower Moorfields parsemés d'étangs; il y a des maisons bordant la route à l'extérieur d'Aldersgate . Les tribunaux sont toujours debout du Prieuré de Saint-Barthélemy, de la Chartreuse, du Prieuré de Saint-Jean et du couvent de Clerkenwell; Smithfield est entouré de maisons ; Bridewell, avec ses deux cours carrées, se dresse sur la rive du fleuve ; Fleet Street est de forme irrégulière, les maisons n'étant nulle part alignées ; les cours de Whitefriars subsistent encore. Le Strand a toutes ses grandes maisons face à la rivière ; leurs dos s'ouvrent sur une large rue, avec une rangée de maisons mesquines du côté nord. Au sud de la rivière, il y a une rangée de maisons sur High Street, une rangée de maisons le long de la rive de la rivière de chaque côté, et un autre près de l'abbaye de Bermondsey .

"À l'intérieur des murs, nous constatons que certaines maisons religieuses ont complètement disparu, par exemple celles des Crutched Friars. Il y a un espace vacant, qui est probablement l'une des cours de Sainte-Hélène. Le Prieuré de la Sainte Trinité conserve ses cours, mais il n'y a aucun signe de l'église. Les cours et les jardins des Austin Friars sont toujours visibles. Il y a toujours la grande cour des Grey Friars, mais les bâtiments des Blackfriars semblent avoir entièrement disparu" ( *Londres au temps de la Tudors* , p. 185).

# CARTES NORDEN DE LONDRES ET DE WESTMINSTER

**Designer.** — Etant à très petite échelle, ces cartes ne sont pas aussi attrayantes que certaines déjà évoquées. John Norden, le dessinateur, est né vers 1548 et semble avoir eu dès le début un don extraordinaire pour une écriture délicate, qu'il a mis à profit dans la cartographie. Il a projeté tout un « Speculum Britanniæ », mais de son vivant, il n'a réussi à publier des livres que sur deux comtés, à savoir le Middlesex et le Hertfordshire. Il a laissé derrière lui les résultats de ses travaux sur de nombreux autres comtés sous forme manuscrite, et ceux-ci ont depuis été publiés. Norden fut nommé arpenteur des bois de Sa Majesté en 1609. La gravure des cartes du Middlesex fut réalisée par Peter Van den Keere .

**Originaux.** — Les reproductions sont tirées de celles qui paraissent dans *le Middlesex de Norden* , daté de 1593. Chaque carte mesure 9½ pouces sur 6¾ pouces. La merveilleuse délicatesse du travail de Norden rend ces cartes particulièrement appréciées par les étudiants en cartographie londonienne.

# FAITHORNE ET NEWCOURT

**Description.** — Cette carte porte généralement le nom de Faithorne , le graveur, mais en réalité le mérite revient tout autant à Richard Newcourt l'aîné (mort en 1679), qui fut le dessinateur. Il est choisi pour être placé ici parce que, la date étant 1658, il montre la ville telle qu'elle était avant l'incendie, et constitue donc un supplément à la carte d' Ogilby qui suit, et montre la ville telle qu'elle était lors de sa reconstruction après l'incendie. .

**Graveur.** — William Faithorne l'aîné est né en 1616 et était graveur et portraitiste. Il grava de nombreux portraits, ex-libris, cartes et pages de titre. Parmi ses œuvres figurent deux grandes cartes, intitulées « Villes de Londres et Westminster » et « Virginie et Maryland ».

**Original.** — Les deux seuls exemplaires du numéro original connus qui existent se trouvent dans les Print Rooms du British Museum et à la Bibliothèque . Nationale de Paris. La carte donnée ici est tirée d'une feuille de celle du British Museum et est à la même échelle.

**Détails.** — On remarquera que la feuille choisie pour être incluse dans cet atlas montre à peu près la même région que la carte d' Ogilby qui suit, mais ne va pas aussi loin vers l'est que la Tour. Le mur de la ville est clairement visible le long du côté nord de la ville, et le bastion près de Cripplegate se démarque ; le fossé de la ville peut être tracé juste au-delà de ce coin vers le sud. C'est l'angle curieux et apparemment dénué de sens que forme ici le mur qui a conduit Sir Walter Besant à suggérer qu'il pourrait avoir été conçu pour exclure l'ancien amphithéâtre romain , dont le site est aujourd'hui perdu (voir *Early London* , p. 85). La rivière Fleet est représentée encore ouverte et traversée par des ponts, qui ne sont pas moins de cinq depuis Holborn jusqu'à l'embouchure. Celui de Fleet Street montre en effet une ligne continue de maisons. Saint-Paul est très clairement délimité. Les chiffres au sein de la Ville se réfèrent aux anciennes églises, dont une liste est donnée ci-dessous. Remarquez les toits à pignon, qui constituent toujours le style principal de l'architecture domestique. Les lignes des rues du cœur de la ville restent merveilleusement les mêmes jusqu'à nos jours. Hors les murs, la Ville tend ses grands bras vers la campagne. Il existe un tel bras constitué par les maisons continues bordant Bishopsgate Street jusqu'à l'extrême limite nord de la carte. Ensuite, il y a un écart entre celui-ci et Moorgate Street, y compris tout le terrain connu à Moorfields et Finsbury . Quelques maisons éparses et quelques champs cultivés couvrent cet espace, et dans un coin se trouve « Bedlame ».

Une masse de maisons s'étend vers l'ouest, se prolongeant jusqu'à la Charter House, au nord de laquelle se trouvent des champs ouverts, et ainsi jusqu'au « Clarkin Well ».

| | | |
|---|---|---|
| 0 1. Albans à Woodstreet | 33. Gabriell à Fanshawes rue | 68. Martins Orgars là-bas Eastcheape |
| 0 2. Alhallows Barkin nere Tower Hill | 34. Georges dans l'allée Bottolph 35. Gregories par Paules | 69. Martins Outwitch prochain tronçon de Bishopsgate |
| 0 3. Alhallows dans Bread Street | 36. Hellins là-bas Porte des évêques 37. Place Iames Dukes à côté Aldgat | 70. Martins Vintree près $^{de}$ vous 3 grues |
| 0 4. Alhallows y $^e$ Super à Thamas streete | 38. Colline Iames Garlick près de Bow Lane | 71. Mathews dans Friday Street72. Maudlins lait s'étirer plus loin Chepside |
| 0 5. Alhallows the Lesse in Th do. s str faire . | 39. Iohn Baptist nere Dow Gate Street | 73. Maudlins à Old Fishstreete |
| 0 6. Alhallows dans Hony Lane là-bas Chepside | 40. Iohn Euangéliste là-bas Vendredi rue | 74. Michaell Bashaw derrière Guildhall |
| 0 7. Alhallows dans la rue Lumber | 41. Iohn Zachary nere Foster Lane | 75. Michaell à Cornhill |
| 0 8. Alhallows Rester là-bas Rue Fanshawes 0 9. Alhallows dans $^{le}$ mur près Moorefeilds | 42. Katherin Coleman née Fanshawes rue | 76. Michaell Crooked Lane près de N Fish'trete |
| 10. Alphage par y $^e$ Wall nere Cripple gate | 43. Église crie Katherin à proximité Aldgate | 77. Michaell att Quene Hith |
| 11. Andrew Hubard par Philpot lan | 44. Lawrence Iury là-bas Salle de guilde | 78. Michaell y $^e$ Querne à la fin de Chepside |
| 12. Andrew Vnder Shaft | 45. Lawrence Poultney nere Eastchepe | 79. Michaell Royall att Colledge Hill |
| 13. Andrew dans y $^e$ Goutte de guerre à propos Flaque d'eau quai | 46. Leonarde à Eastchepe 47. Leonarde à Foster Lane | 80. Michaell à Woodstreet là-bas Chepside |
| 14. Ann à la porte Alders15. Ann dans Frites noires16. Antholins à Watling streete | 48. Magnus près du pont49. Margrett à Lothberry | 81. Mildred dans la rue Bred là-bas Chepside |
| 17. Austins église nere Paules | 50. Margrett Moses vendredi prochain rue | 82. Mildred dans la volaille83. Nicholas Acons Nicholas Lane là-bas Lūberstreet |
| 18. Bartholomew by y $^e$ Exchange | 51. Margrett dans la nouvelle Fishstreete | 84. Nicholas Cole Abby dans la vieille Fishstreet |
| 19. Bennet Finch20. Église Bennet Grace près de la rue Gracious 21. Bennet au | 52. Margrett à Rood lane 53. Mary Abchurch Lane 54. Mary Aldermanberry 55. Mary Aldermary près de la rue | 85. Nicholas Olaves dans Breadstreet |

| | | |
| --- | --- | --- |
| quai Paules<br>22. Bennet Sherehogg nere Bucklers berry<br>23. Bottolph à Billings-gate<br>24. Église du Christ par Newgate rue<br>25. Christophers à Thredneedle rue<br>26. Clements à Chepe Est<br>27. Dennis back Church nere Eāshastreete<br>28. Dunstanes dans <sup>la</sup> région Est Tower Street<br>29. Edmonds dans Lumber Streete<br>30. Ethelborough dans Bishops Gate Street<br>31. Faith sous Paules 32. Foster dans la voie Foster là-bas Chepside<br>65. Église française de Third Needle Street | Watling 56. Mary le Bow à Chepside<br>57. Mary Bothaw à Cannon street<br>58. Église Mary Cole à Chepside<br>59. Mary Hill au-dessus de la porte Billings<br>60. Mary Mounthaw à propos de Guerre brisée 61. Mary Somersett nere Quai cassé<br>62. Mary Staynings là-bas Porte<br>des aulnes 63. Mary Woollchurch près de Stocks 64. Mary Woollnoth dans la rue<br>Lumber 66. Martins Iremonger voie près Chepside<br>67. Martins avec à Ludgate | 86. Olaues dans Hart street là-bas Frites écrasées 87. Olaues dans le vieux Iury à l' extrémité inférieure de Chepside<br>88. Olaues dans Silver Streete<br>89. Pancras dans Soper Lane Nere Bucklerbery<br>90. Peters nere Chepside<br>91. Peters à Cornehill<br>92. Peters près du quai Paules 93. Peters y<sup>e</sup> pauvre là-bas Brod rue<br>94. Steven dans la rue Coleman là-bas Moregate<br>95. Steven à Wallbrooke<br>96. Swithens à Ca n sur la rue près de London Stone<br>97. Thomas et l' Apôtre<br>98. Église de la Trinité au-dessus Quene Hith<br>99. Église hollandaise proche Rue Brod |

# CARTE D'OGILBY DE LONDRES

**Description.** — Il s'agit ici plus exclusivement d'un plan de la Ville que de tous ceux que nous avons jusqu'ici considérés. Il s'étend à peu près de la Tour jusqu'à Lincoln's Inn Fields, et la raison pour laquelle il est ainsi limité est qu'il a été réalisé dans le but d'aider au tracé des terres dans la ville après l'incendie.

**Designer.** — John Ogilby est né vers 1600 et ne s'est tourné vers l'arpentage qu'à l'âge de soixante-six ans environ, lorsqu'il a obtenu le poste de « cosmographe et imprimeur géographique du roi ». Il mourut en 1676, l'année précédant la publication de sa carte. Il a été aidé dans le travail par William Morgan, le petit-fils de sa femme, et la majeure partie de la gravure de la carte a été réalisée par Hollar .

**Original.** — L'original mesure 8 pieds 5 pouces sur 4 pieds 7 pouces et est divisé en vingt feuilles. C'est à l'échelle de 100 pieds par pouce. On peut le voir au British Museum ( Crace Collection) et au Guildhall. Les deux exemples diffèrent un peu, et celui du Guildhall comporte une feuille supplémentaire. La reproduction donnée ici est tirée de celle réalisée par la London and Middlesex Archæological Society à partir de la copie du British Museum. Les armoiries de la ville se trouvent dans le coin supérieur gauche et celles de Sir Thomas Davies, lord-maire 1676-77, dans le coin droit.

**Détails.** — En partant du coin supérieur gauche, on trouve des pâturages, des terrains de boules et des jardins maraîchers. Aylesbury House, à côté de St. John Street, possède de magnifiques jardins privés, et au-delà du terrain de boules de Charterhouse, il y a un bois. Plus à l'est, on peut voir l' Honorable Artillery Company, relancée par Cromwell, avec son équipement et ses tentes. Cette compagnie descend directement des Finsbury Archers, que nous avons notés sur la dernière carte, et il est intéressant de savoir que le terrain même sur lequel ils sont ici représentés est encore réservé à leur usage. Moorfields est soigneusement aménagé et planifié, et au sud se trouve le nouvel hôpital de Bethléem, maintenant transféré de l'autre côté de la rivière. Vers l'est, encore une fois, il y a un grand espace ouvert au Devonshire House Garden, et vers le sud on peut voir d'innombrables jardins, dont certains sont conservés jusqu'à ce jour derrière les hôtels de ville, etc., mais si cachés que quiconque n'en connaissait pas l'existence. l'existence pourrait éventuellement les trouver.

En traçant la ligne des remparts de la ville du côté nord, nous voyons comment certaines églises, notamment Saint-Gilles et Saint-Botolph, ont pris une partie du fossé de la ville pour agrandir leurs cimetières ; près de Saint-Barthélemy, le fossé de la ville est encore marqué. Ce fossé inquiétait autant le maire et le conseil que l'augmentation des maisons, car il était le réceptacle de toutes sortes de saletés, et son nettoyage engloutissait chaque année une grosse somme d'argent. La rivière Fleet coule à ciel ouvert et est appelée le nouveau canal. Il est traversé par un pont à Holborn et un autre à Fleet Street. Nous pouvons marquer la ligne sinueuse de la grande artère de Holborn telle qu'elle était avant la construction du viaduc et des abords. Le Strand à l'extérieur de Temple Bar montre les obstacles qui n'ont finalement été supprimés qu'à notre époque. Butcher Row a disparu pour la première fois en 1813 ; d'autres rues ont suivi pour faire place au nouveau palais de justice, et avec la destruction de Holywell Row et l'ouverture de Kingsway, les améliorations ici peuvent être considérées comme terminées.

Au sud se trouvent les grandes maisons d'Essex et d'Arundel, avec leurs jardins ; leurs noms sont conservés dans les rues qui traversent leurs sites. Somerset House, le palais du Protecteur, était alors debout et ne céda la place à son représentant actuel qu'au bout de cent ans. La rivière est couverte de wherries, regroupées aussi épaisses que des fourmis. C'est toujours l'autoroute principale pour la plupart des gens, même s'il y avait des fiacres à louer. Il n'y avait encore que le London Bridge pour traverser le fleuve à pied, et les bateaux servaient de ferries. Il y avait aussi des bateaux basculants, ainsi que des petits wherries ; ceux-ci circulaient à intervalles réguliers, comme nos propres omnibus, et étaient protégés par un auvent. Près de l'embouchure de la flotte se trouve Bridewell, autrefois palais et théâtre de la réunion du Parlement, mais donné par Édouard VI. être une prison. À l'est se trouve un espace vide, où se trouve aujourd'hui la gare de la London Chatham and Dover Railway Co., qui l'a achetée en 1844. Le site de St. Paul's a été tracé, mais pas encore construit. En fait, la reconstruction des maisons était la première considération, et elle fut faite avec une rapidité remarquable, car pendant ce temps les pauvres misérables sans abri campaient à Moorfields . Les églises et les hôtels de ville furent donc abandonnés pour la fin ; Pourtant, nous pouvons voir que, bien que onze ans seulement se soient écoulés depuis la destruction de la ville , environ vingt églises avaient été reconstruites sur les quatre-vingt-sept qui avaient été détruites. Le vieux Londres pittoresque, avec ses pignons et ses étages en surplomb, avait disparu pour ne jamais revenir ; mais il y avait aussi beaucoup de détritus et une insalubrité jamais aussi grave par la suite. Quant à la surpopulation, il faut voir ce que dit Sir Walter Besant :

"Si nous regardons la carte d'Ogilby , nous voyons clairement qu'en ce qui concerne les rues et les cours, Londres après l'incendie était à peu près la même que Londres avant l'incendie ; il y avait les mêmes rues étroites, les mêmes ruelles bondées, les mêmes cours et cours. Prenons, par exemple, la petite zone située entre Bread Street Hill à l'ouest et Garlick Hill à l'est, entre Trinity Lane au nord et Thames Street au sud : est-il possible de rassembler davantage de tribunaux et de ruelles dans cette zone ? Pouvons-nous croire qu'après l'incendie, Londres fut débarrassée de ses cours étroites avec cette carte devant nous ? Regardez les endroits étroitement enfermés indiqués sur les cartes : 1 g., m. 46, m. 47, m. 48. , m. 40.' Il s'agit respectivement de Jack Alley, Newman's Rents, Sugar-Loaf Court, Three Cranes Court et Cowden's Rents. Certains de ces tribunaux survivent encore aujourd'hui. Ils ont été formés, à mesure que la demande de terres augmentait, en faisant courir des ruelles étroites entre l'arrière des rues. Il y avait 479 cours de ce type dans le Londres d'Ogilby de 1677, 472 ruelles et 172 yards, outre 128 auberges, dont chacune, avec ses cours ouvertes pour le stationnement des véhicules et ses galeries, se tenait à l'écart du rue à un endroit qui était autrefois le jardin de foire d'une maison de citoyen » ( *Londres au temps des Stuarts* , p. 280).

# LES EXPLICATIONS SUIVANTES SONT EXTRAITES DE LA CLE D'OGILBY DE LA CARTE DU BRITISH MUSEUM

Nous procédons à l'explication de la carte, contenant 25 quartiers, 122 paroisses et libertés, et y compris 189 rues, 153 ruelles, 522 ruelles, 458 tribunaux et 210 yards portant un nom.

La large ligne noire est le mur de la ville. La Ligne de la Liberté est une Chaîne. La division des quartiers, donc oooo . Les paroisses, libertés et circonscriptions par une ligne de piquage, .... Chaque quartier et paroisse est connu par les lettres et les chiffres distribués dans leurs limites, qui sont placés dans les tableaux avant leurs noms.... Les quartiers par majuscules sans chiffres. Les paroisses, etc., en chiffres sans lettres. Les grandes lettres avec des chiffres font référence aux salles, aux grands bâtiments et aux auberges. Les petites lettres aux cours, aux cours et aux ruelles, chaque lettre étant répétée 99 fois et éparpillée dans l'espace de 5 pouces, parcourant la carte, de la main gauche à la droite, etc. Les églises et les bâtiments éminents sont à double hachure , les rues, les ruelles, les ruelles, les cours et les cours restent blanches. Jardins, etc. légèrement piqué . Là où l'espace admet que le nom du lieu soit en longs mots, mais là où il n'y a pas de place, une lettre et un chiffre vous renvoient au tableau dans lequel les rues sont disposées par ordre alphabétique , et dans chaque rue les églises et les salles. Les lieux remarquables et les auberges, avec les cours, les cours et les ruelles, sont nommés ; puis les ruelles de cette rue, et les églises, etc. comme mentionné ci-dessus, dans chaque voie.

## LES DIFFÉRENTES MARQUES ET NOMS DES QUARTIERS, PAROISSES ET LIBERTÉS

| QUARTIERS | | | | | |
|---|---|---|---|---|---|
| UN | Faringdon sans | je | Porte d'entrée | R. | Aulnesgate |
| B | Faringdon intérieur | K | Rue large | S | Billingsgate |
| C | Bainard - Château | L | Cornhil | T | Rue de Lime |
| D | Rue du Pain | M. | Bon marché | U | Langborn |
| E | Reine- Hith | N | Bassishaw | W | Portsoken |
| F | Cordons | Ô | Rue Coleman | X | Aldgate |
| g | Walbrook | P. | Bishopsgate | Oui | Bougie |
| H | Vintry | Q | Tour Crip T de Cripplegate | Z | Pont |

## PAROISSES ET LIBERTÉS

0 1. St. James Clerkenwel
0 2. St. Giles Cripple-Gate
0 3. St. Leonard Shoreditch
0 4. Norton -Folgate Liberty
0 5. St. Botolph Bishopsgate
0 6. Stepney
0 7. St. Stephen Coleman Street
0 8. Alhallows sur le mur
0 9. St. Andrew Holborn
10. St. Giles in the Fields11. Saint-Sépulcres12. Église St. Mary Cole13. St. Botolph Aldersgate
14. St. Alphage
15. St. Alban Wood Street16. Rue Saint- Olave Silver 17. Saint-Michael Bassishaw
18. Christ Church19. Sainte-Anne Aldersgate
20. Coloration Sainte-Marie21. Sainte-Marie Aldermanbury22. Communauté juive de St. Olave 23. St. Martin Ironmonger Lane
24. St. Mildred

42. Saint-Christophe
43. Sainte-Marie Woolnoth
44. Église Sainte-Marie Woolnoth
45. Saint-Michael Cornhil
46. Saint-Bennet Fink47. Saint Pierre Pauvre48. Saint-Pierre Cornhil
49. Saint-Martin Outwich
50. Saint- Hellens
51. Saint-Ethelborough
52. Saint-Andrew Under Shaft53. Dieu merci Rue Lumbard 54. Rue St. Edmond Lumbard
55. Église arrière St. Dionis 56. Église crie St. Katherine57. Place des Ducs de Saint-James58. Sainte Katherine Coleman59. Rue St. Olave Hart
60. St. Botolph Aldgate
61. Chapelle St. Mary White62. Minorités de la Trinité 63. Saint-Barthélemy le Grand
64. Taches d'Alhallows 65. Aboyers d' Alhallows 66. Église

0 83. Garde-robe St. Andrew
0 84. Quai de St. Bennet Paul
0 85. Saint-Pierre
0 86. St. Mary Magdaline Old Fish-Street
0 87. St. Nicholas Cole-Abby
0 88. St. Austine
0 89. St. Margaret Moses
0 90. Alhallows Bread-Street
0 91. St. Mildred Bread-Street
0 92. St. Nicholas Olave
0 93. St. Mary Mounthaw
0 94. St. Mary Somerset
0 95. St. Michael Queen Hith
0 96. Trinity
0 97. St. Mary Aldermary
0 98. St. Thomas Apôtres
0 99. St. Michael Royal
100. St. James Garlick- Hith
101. St. Martin Vintry
102. St. Antholin's
103. St. John Baptist104. St. Stephen Walbrook

| | | |
|---|---|---|
| Poultry25. St. Bennet Sherehog<br>26. St. Pancras Soaper Lane27. Communauté juive de Saint-Laurent28. Rue du lait Sainte-Marie-Madeleine29. Dieu merci Hony Lane<br>30. St. Mary le Bow31. Saint-Pierre pas cher32. Rue Saint-Michael Wood33. Saint Jean Zacharie34. Liberté de Saint-Martin35. Rue Saint-Léonard Foster Lane36. Saint- Vedast , alias Foster<br>37. Saint-Michel Quern38. Évangéliste de Saint Jean39. Rue Saint-Mathew Friday40. St. Margaret Lothbury<br>41. Bourse de Saint-Barthélemy | Sainte-Marie 67. Accorne Saint-Nicolas 68.<br>Saint-Clément Est bon marché69. Église Grace Saint-Bennet70. Saint-Gabriel Fenchurch71. St. Margaret Pattons<br>72. St. Andrew Hubbart<br>73. Dutchy Liberty74. Danois de Saint-Clément75. Rouleaux Liberty76. St. Dunstan à l'Ouest77. Quartier des friteuses blanches78. Sainte Brigitte79. Cité de Bridewel 80. St. Anne Black-Fryers81. Ludgate de Saint-Martin82. Saint Grégoire | 105. St. Swithin<br>106. St. Mary Bothaw<br>107. Alhallows the Great<br>108. St. Faith's109. St. Leonard Est Cheap110. Saint-Laurent Poultney111. St. Martin Orgar's<br>112. Little Alhallows<br>113. St. Michael Crooked Lane114. St. Magnus au pont<br>115. St. Margaret New Fish-Street116. St. George Botolph Lane117. Saint-Botolph Billingsgate118. Colline Sainte-Marie119. St. Dunstans à l'Est<br>120. Little St. Bartholemews<br>121. Tower Liberty122. Sainte-Catherines |

LISTE DES PRINCIPAUX BÂTIMENTS SUR LA CARTE D'OGILBY & MORGAN, 1677<br>
COMPILÉE À PARTIR DE LA CARTE ET DE LA CLÉLes références à gauche des noms font référence aux numéros marginaux sur la carte

| | | |
|---|---|---|
| 0 7-14. Maison africaine, rue Throgmorton, B55<br><br>00 2-5. Maison d'Ailesbury , comte de, A7<br><br>0 7-18. Aldgate | 0 8-15. Marché de plomb<br><br>0 6-16. Hall des vendeurs de cuir<br><br>00 7-2. Auberge de Lincoln<br><br>0 10-1. Lions Inn | 0 8-17. Église crie St. Katherine, rue Leaden Hall, B68<br><br>10-13. Église Saint-Laurent Poultney<br><br>0 7-11. Église juive Saint-Laurent |

10-17. Église qui aboie à Alhallows

0 9-10. Église de la rue du pain d'Alhallows

11-12. Église Alhallows , géniale

11-12. Église Alhallows , petite

0 7-10. Dieu merci Église de Hony Lane [site absorbé dans le marché de Hony Lane]

0 9-14. Église de la rue Lombard d'Alhallows

0 5-14. Alhallows sur l'église murale

0 9-17. Église de coloration Alhallows , Mark Lane

00 9-6. Salle des Apothicaires, C1

0 5-12. Salle des armuriers, rue Coleman, A65

0 11-1. Maison Arundel

0 5-10. Salle des Barbiers Chyrurgeons , A59

0 6-15. Maison de Barnadiston , Sir Samuel, B61

11-14. Pont de Londres

00 5-8. Maison de Londres, A57

00 9-7. Ludgate

0 9-10. Église luthérienne, Trinity Lane (coin NE Little Trinity Lane)

0 8-11. Chapelle de Mercer

0 8-14. Salle des marchands-Taylors

10-12. École Merchant-Taylors, Suffolk Lane, C39

00 9-3. Temple du Milieu, Voie du Temple du Milieu

0 8-10. Marché Milkstreet ou Hony Lane

0 ——— [ Monument, Le, voir "Pilier de Feu"]

0 9-17. Bureau de la Marine, Mark Lane, C26

0 10-1. Nouvelle auberge

00 2-4. Nouvelle prison, ou Bridewel , Clerkenwel Green

00 2-4. Maison de Newcastle, duc de, A6

10-15. Église bon marché Saint-Léonard Est

00 7-9. Église Saint-Léonard Foster-Lane

11-14. Église Saint-Magnus, Thames Street, C59

0 9-13. Église Sainte-Marie Abchurch

0 6-11. Église Sainte-Marie Aldermanbury

0 9-11. Église St. Mary Aldermary

0 9-12. Église Sainte-Mary Bothaw

0 6-11. Église St. Mary Cole, Cheapside [anciennement coin sud-ouest de Old Jewry]

10-16. Église St.Mary Hill, C43

0 8-10. Église Sainte-Marie-le-Bow

0 7-10. Église Sainte-Marie-Madeleine, Milk Street [site absorbé par le marché de Hony Lane ]

0 10-9. Église Sainte-Marie -Madeleine de la vieille rue Fish

0 10-9. Église Sainte-Mary Mounthaw

| | | |
|---|---|---|
| 00 6-3. Auberge de Barnard | 00 7-6. Nouveau portail | 0 10-9. Église Sainte-Marie Somerset |
| 00 6-3. Bell Inn, Holborn, A83 | 00 8-7. Marché de Newgate | 00 6-9. Église de coloration Sainte-Marie, Oat Lane |
| 00 8-6. Auberge Bell Savage, Ludgate Hill, B77 | 10-10. Salle des peintres Stainers | 0 8-12. Église St. Mary Wool [site absorbé dans le marché de l'église Wool] |
| 00 3-6. Maison Berkley, Seigneur, A11 | 0 8-17. Maison Papillion, M. Tho ., Fenchurch Street, C54 | 0 8-13. Église St. Mary Woolnoth , rue Lumbard [en face de l'allée Pope's Head] |
| 0 6-14. Bethléem, Nouveau | 0 6-14. Bureau de paie, Broad Street, B22 | 0 7-12. Église Sainte-Margaret Loathbury |
| 0 6-15. Porte des évêques | 0 8-16. Salle des étains, rue Lime, C62 | 00 9-9. Église St. Margaret Moses, Friday Street [anciennement coin sud-ouest de Basing Lane] |
| 00 6-3. Auberge Black Bull, Holborn, A84 | 00 7-7. Collège des médecins, B37 | 0 9-15. Église Sainte-Margaret Patton |
| 00 6-3. Auberge du cygne noir, Holborn, A81 | 0 6-14. Salle Pinner, B21 | 10-15. Église St. Margaret's New Fish Street [site absorbé par le monument] |
| 0 10-9. Salle des Forgerons, C29 | 0 6-10. Salle des plâtriers , rue Addle, B6 | 0 7-11. Église St. Martin Ironmonger, Ironmonger Lane [anciennement attenante à l'extrémité ouest de la communauté juive de St. Olave ] |
| 0 7-11. Salle Blackwel , B49 | 0 6-15. Bureau de poste, général, rue Bishopsgate, B59 | 00 8-7. Église Saint-Martin Ludgate |
| 0 7-11. Auberge de Blossom, B48 | 0 8-12. Compteur de volailles , B83 | |
| 00 6-9. Maison de Bludworth , Sir Thomas, Maiden Lane, B3 | 00 9-8. Bureau des prérogatives, cour de l'église Saint-Paul, C6 | |
| 00 9-4. Auberge Bolt et Tun, Fleet Street, B98 | 00 8-4. Auberge Red Lyon, Fleet Street, B75 | |
| 0 6-10. Salle des Brasseurs, Addle Street, B7 | 00 7-5. Rose Inn, Holborn- Bridge , A91 | |

| | | |
|---|---|---|
| 0 8-17. Salle des poseurs de briques, rue Leaden Hall, C52 | 0 8-14. Échange Royal | 10-13. Église Saint-Martin Orgar |
| 00 9-6. Bridewell | 00 7-9. Sadler's Hall, Cheapside, B41 | 0 7-15. Église St. Martin Outwich , rue Bishopsgate dans [coin SE de Thread Needle Street] |
| 00 9-6. Chapelle du quartier de Bridewel , Bride Lane | 0 9-13. Salter's Hall, St. Swithins Lane, C23 | 10-11. Église Saint-Martin de Vintry |
| 00 3-9. Maison Bridgwaters , comte de, A18 | 00 6-5. Auberge Sarazens Head, Snow Hill, A93 | 00 8-9. Église de la rue Saint-Mathieu du vendredi |
| 00 6-2. Maison du ruisseau | 00 9-6. Salle Scotch, C2 | 0 9-10. Église de la rue du Pain St. Mildred |
| 10-11. Maison de Buckingham, duc de, C19 | 00 6-9. Salle des Scriveners | 0 8-12. Église avicole St. Mildred, B84 |
| 00 6-8. Auberge Bull and Mouth, rue Bull and Mouth, A98 | 00 9-3. Auberge du Serjeant, Chancery Lane, B97 | 0 6-11. Église Saint-Michael Bassishaw |
| 10-15. Salle des Bouchers, C39 | 00 9-4. Serjeant's Inn, Fleet Street | 0 8-14. Saint Michel Cornhil |
| 00 9-2. Bureau de la chancellerie, Chancery Lane, B73 | 00 8-6. Maison de session, The, Old Bayly | 10-14. Église Saint-Michael Crooked Lane |
| 00 3-6. Maison à charte | 00 9-8. Maison de Sheldon, Sir Joseph, cour de l'église Saint-Paul, C7 | 10-10. Église Saint-Michael Queen Hith |
| 00 7-7. Église du Christ, rue Newgate | 00 8-2. Auberge Simond , Chancery Lane, B71 | 00 7-9. Église St. Michael Quern, Cheapside [site absorbé dans la chaussée de Cheapside à la jonction de Pater Noster Row et Blow Bladder Street] |
| 00 7-7. Hôpital Christ | 0 5-11. Collège de Sion, A61 | |
| 0 7-12. Clayton's House, Sir Robert, vieille communauté juive, B52 | 00 9-2. Bureau Six Clarks, Chancery Lane, B72 | 0 9-11. Église royale Saint-Michel |
| 00 9-1. Auberge Cléments | 10-12. Salle Skinners, Dough-Gate Hill, C33 | |

| | | |
|---|---|---|
| 00 6-9. Salle des commis, Silver Street, B4 | 00 5-6. Penns Smithfield | 00 7-9. Église St. Michael Wood-Street, B45 |
| 00 9-3. Auberge de Clifford | 0 11-1. Maison Somerset | 0 9-13. Église Saint-Nicolas Acorn |
| 0 9-16. Hall des ouvriers du drap, Mincing Lane, C25 | 0 6-10. Église Saint-Alban Wood-Street | 00 9-9. Église St. Nicholas Cole-Abby, Old Fish Street (coin nord-ouest de Old Fish St. Hill) |
| 00 6-9. Salle des cuisiniers, rue Aldersgate , C50 | 0 5-11. Église Saint-Alpage , mur de Londres | 0 9-10. Église Saint-Nicolas Olave , Bread-Street Hill [anciennement près du milieu du côté ouest] |
| 0 6-11. Salle Coopers, rue Bassishaw , B14 | 00 6-4. Église Saint-Andrew Holborn | 0 9-17. Église de la rue St. Olave Hart, C27 |
| 00 9-9. Salle des cordonniers | 10-15. Église St. Andrew Hubbart , Little East-Cheap [anciennement côté S., entre Buttolph Lane et Love Lane] | 0 7-12. Église juive Saint- Olave |
| 0 5-10. Porte Infirme | 0 8-16. Église Saint-Andrew Under Shaft, rue Leaden Hall, B66 | 0 5-10. Église de la rue Saint- Olave Silver |
| 0 5-10. Curryers Hall, mur de Londres, A60 | 0 10-7. Église de la garde-robe Saint-André | 0 8-11. Église Saint-Pancras Soaper Lane |
| 00 7-2. Bureau du Curseur | 00 6-9. Église Sainte-Anne Aldersgate | 00 9-8. Cathédrale Saint-Paul de Londres |
| 11-17. Maison des douanes | 00 9-6. Église Sainte-Anne Black-Fryers | 00 9-8. Maison Saint-Paul, doyen de, cour de l'église Saint-Paul, C5 |
| 0 9-12. Salle des couteliers, Cloak Lane, C21 | 0 9-12. Église Sainte-Antholine , Budg Row | 11-18. [St. Peter-ad-Vincula] Église, Tour de Londres |
| 00 6-5. Maison de David, Sir Thomas. Colline de neige, B34 | 00 8-9. Église Saint-Austin | 0 7-10. Église Saint-Pierre bon marché |
| 0 5-16. Maison Devonshire, A73 | 00 5-7. Église Saint-Barthélemy , superbe | |
| 00 9-9. Médecins Communs, C10 | 00 6-7. Église Saint-Barthélemy , Little | |
| 00 3-7. Maison de Dorchester, marquis de, A13 | | |

| | | |
|---|---|---|
| 0 7-14. Salle des Drapiers, B57 | 0 8-13. Église d'échange de Saint-Barthélemy | 0 6-14. Église Saint-Pierre des Pauvres |
| 0 6-14. Église hollandaise | 00 6-7. Hôpital Saint-Barthélemy | 0 10-8. Église Saint-Pierre |
| 11-13. Dyers Hall, New Key, Thames Street | 0 8-13. Église Saint-Bennet Fink | 0 8-14. Cornhil Saint-Pierre |
| 0 8-16. Maison des Indes orientales, rue Leaden Hall, B88 | 0 8-15. Église Saint-Bennet Grace | 00 7-6. Église Saint-Séphcher |
| 00 6-4. Maison Ely | 0 10-8. Église de St. Bennet Pauls Wharf | 0 6-12. Église de la rue St. Stephen Coleman, B56 |
| 0 10-1. Maison d'Essex | 0 8-11. Église Saint-Bennet Sherehog | 0 9-12. Église Saint-Stephen Walbrook |
| 0 6-14. Bureau des accises, Broad Street, C60 | 00 9-6. Église Sainte-Brigitte | 10-12. Église Saint-Swithin , rue Cannon |
| 10-15. Pilier de Feu, Le [Le Monument] | 00 6-9. Saint-Buttolph Église d'Aldersgate | 0 9-11. Église des Apôtres Saint-Thomas, Apôtres Saint-Thomas |
| 11-14. Salle des poissonniers, Thames Street | 0 6-19. Saint-Buttolph Église d'Aldgate | 00 7-9. Église Saint-Vedast , B40 |
| 00 9-6. Pont de la flotte | 11-15. Église St. Buttolph Billingsgate [anciennement côté S. de Thames Street entre Buttolph Lane et Love Lane] | 00 6-2. Auberge de base |
| 00 8-5. Flotte [Prison] | 0 5-16. Église Saint-Buttolph Bishopsgate | 00 8-7. Salle des Papeteries |
| 0 7-12. Salle des fondateurs, Loathbury , B56 | 0 8-13. Église Saint-Christophe | 00 6-5. Swan Inn, Holborn- Bridge , A89 |
| 0 7-12. Maison de Frederick, Sir John, vieille communauté juive, B51 | 0 10-1. Église Saint-Clément Danois | 0 6-10. Cygne à deux cous Inn, Ladd Lane, B11 |
| 0 7-14. Église française, B62 | 0 9-14. Saint- Clément Église d'Eastcheap | 0 9-12. Salle Tallow Chandlers, Dough-Gate Hill, C22 |
| 00 6-3. Auberge du Furnival | | 0 10-3. Église du Temple |

| | | |
|---|---|---|
| 00 6-6. George Inn, pont Holborn , A92 | 00 9-3. Église Saint-Dunstan | 00 5-9. Maison Thanet , A58 |
| 0 9-10. Auberge Gerrard's Hall, C16 | 10-16. St. Dunstan's dans l'église de l'Est | 00 6-4. Thavy's Inn, Holborn, A86 |
| 0 5-11. Salle des Girdlers, A63 | 0 9-14. Église de la rue Saint-Edmond Lumbard | 11-19. Tour, La |
| 0 3-10. Salle des Glovers, Beech Lane, A20 | 0 6-16. Église St. Ethelborough , rue Bishopsgate à l'intérieur de [immédiatement au nord de Little St. Hellens ] | 0 —— Trinity Church, Trinity Lane [site occupé par l'Église luthérienne, qui voit] |
| 00 7-9. Salle des orfèvres, Foster Lane, B39 | | 10-17. Maison de la Trinité, Water Lane, C45 |
| 00 5-1. Auberge de Gray | 00 9-8. Église Sainte-Foi [sous-Saint-Paul] | 0 8-19. Église des Minorités de la Trinité , B70 |
| 0 7-15. Gresham Collège | 0 9-16. Église Saint-Gabriel Fenchurch [absorbée dans la chaussée de Fenchurch Street, entre Rood Lane et Mincing Lane] | 00 9-8. Turners House, Sir William, cour de l'église Saint-Paul, C4 |
| 00 3-7. Grey's House, Seigneur, A14 | | 11-11. Salle des vignerons |
| 0 8-12. Salle des Épiciers, B53 | | |
| 0 7-11. Salle de guilde | 10-15. Église Saint-George Buttolph , C40 | 0 8-13. Maison de Vyner , Sir Robert, rue Lumbard , B85 |
| 0 7-10. Salle des Mercerie, B8 | 0 4-10. Église Cripplegate de Saint-Gilles | 10-13. Ward's House, Sir Patient, Lawrence Poultney's Hill, C38 |
| 0 7-12. Maison de Hern, Sir Nathiel , Loathbury , B54 | 00 9-8. Église Saint-Grégoire [site absorbé par Saint-Paul] | 00 6-1. Maison Warwick |
| 00 4-6. Salle Hicks | 0 7-16. Église Saint-Hellen | 11-13. Salle Watermans , nouvelle clé, Thames Street, C28 |
| 00 7-5. Pont Holborn | | |
| 0 —— [ Saint] Église de la Trinité, Trinity Lane [voir Église de la Trinité] | 0 7-18. Église Saint-James Dukes Place, Dukes Place | 11-13. Maison Waterman, Sir |
| 0 —— [ Sainte] Église des minorités de la | | |

| | | |
|---|---|---|
| Trinité [voir Minorités de la Trinité ] | 10-11. Église Saint-James Garlick Hith | George, Thames Street, C57 |
| 00 9-3. Temple intérieur, ruelle du temple intérieur | 0 9-12. Église Saint-Jean-Baptiste | 0 7-10. Salle des chandeliers de cire , Maiden Lane, B43 |
| 10-12. Salle des Inn-Holders, Elbow Lane, C34 | 00 9-9. Église évangéliste Saint-Jean, rue Friday [anciennement côté E., au coin de la rue Watling, ayant cette dernière rue au nord] | 0 6-11. Salle des tisserands, rue Bassishaw , B13 |
| 0 8-17. Salle des quincailliers, rue Fenchurch, B91 | 00 6-9. Église Saint-Jean-Zachary, Maiden Lane | 0 8-17. Maison Whitchurch , rue Leaden Hall, C53 |
| 11-11. Joyners Hall, Fryer Lane, Thames Street, C37 | 0 8-17. Église Sainte-Katherine Coleman | 10-11. Whittington's College, College Hill, *m* 15 |
| 00 6-5. Kings Arms Inn, Holborn Bridge , A90 | | 0 7-10. Compteur Wood Street , B46 |
| 00 9-7. Imprimerie du Roi, C3 | | 0 9-12. Marché de l'église en laine |
| 0 5-11. Salle Lariner , Fore Street, A78 | | |
| 0 7-16. Maison de Lawrence, Sir John, Great St. Hellens , B67 | | |

# LONDRES EN 1741-45
## PAR JOHN ROCQUE

**Description.** — D'une certaine manière, cette carte est la plus intéressante de toute la série, car elle se rapproche le plus de notre époque, et pourtant, en l'étudiant, nous pouvons déduire les changements remarquables qui se sont produits dans la mémoire de l'homme. Il est beaucoup plus complet que celui d'Ogilby , incluant l'ensemble des banlieues périphériques et allant même jusqu'à Edgware et Tottenham, qui ne font toujours pas partie du Grand Londres.

**Designer.** — On sait très peu de choses sur John Rocque . Il était probablement originaire de France, mais résidait en Angleterre vers 1750. Il grava des cartes et quelques vues d'après ses propres dessins.

**Original.** — L'original est composé de vingt-quatre feuilles et mesure 13 pieds de longueur et 6¾ pieds de profondeur. On peut le voir au British Museum. Ce qui est ici présenté en est la partie centrale, non pas réduite, mais à la même échelle. Son intérêt est grandement accru par le fait que les noms sont imprimés sur la carte et ne sont pas donnés séparément comme dans d'autres cas. Pour faciliter cela, Rocque a marqué en blanc les maisons bordant les rues, et ne les a barrées en noir que là où elles bordent les jardins maraîchers et autres parties signalées par une surface claire. La carte est un modèle de soin et de détails complets.

**Détail.** — En commençant dans le coin inférieur gauche, nous avons l'Hôpital Royal, avec son terrain soigneusement aménagé. Près de là, le Westbourne, dont la ligne irrégulière déterminait les limites de Chelsea, se jette dans la Tamise ; plus haut, son cours traverse les Five Fields, aujourd'hui l'un des quartiers les plus riches et les plus populaires de Londres, à savoir Belgravia. L'hôpital St. George's se trouve déjà à Hyde Park Corner et une frange de maisons borde la route menant à Knightsbridge. Westminster est encore largement ouverte à l'ouest par Tothill Fields, théâtre de tant de tournois et de joutes, et la courbe du fleuve enserre d'innombrables jardins maraîchers. Dans St. James's Park, le canal raide, souvenir de l'influence hollandaise, n'a pas encore été transformé en eau ornementale plus attrayante. Carlton House Terrace n'a pas vu le jour. Ici se trouvait Carlton House, qui ne semble pas être marquée, et était occupée par Frederick, prince de Galles, père de George III. Au nord, avec l'omission de Regent Street, réalisée entre 1813 et 1820, les rues sont à peu près telles que nous les connaissons. C'est au-delà d'Oxford Street, vers le nord, que la différence est frappante. Ce quartier venait tout juste d'être construit et les rues bien tracées se prolongent bientôt en rase campagne. Les jardins " Marybone ", un jardin de thé préféré , l'église et quelques maisons forment un petit hameau juste relié à l'autre partie de Londres par une seule rue, et plus à l'ouest, au nord de Berkeley Square, se trouvent des champs. Au milieu de ceux-ci se trouve le « Yorkshire Stingo », le pub à partir duquel le premier omnibus de la métropole commença à circuler en 1829. Les Tyburn Gallows avaient encore beaucoup de travail à faire ; c'est cinquante ans plus tard que la dernière exécution eut lieu ici. Juste au sein de Hyde Park se trouve l'horrible record « où des soldats sont abattus ». Si nous suivons Oxford Street vers l'est jusqu'à Tottenham Court Road, nous constatons qu'elle n'est reliée à High Holborn que par la courbe traversant High et Broad Streets à St. Giles's. Au sud se trouve la star de Seven Dials, et tout le quartier complètement modifié par le croisement de Charing Cross Road, puis de Shaftesbury Avenue à l'époque moderne. Au nord, Montagu House occupe le site que le British Museum était destiné à occuper ; il fut acheté par le gouvernement en 1753 et démoli environ cent ans plus tard. Bedford House, la résidence urbaine des ducs de Bedford, existait jusqu'en 1800. Derrière, Lamb's Conduit Fields s'étend jusqu'à Battle Bridge, où s'est déroulée l'une des premières batailles britanniques ; c'est maintenant le site de la gare de King's Cross. Non loin de là, Bagnigge Wells et Sadler's Wells sont à l'apogée de leur prospérité. La flotte ou rivière des puits peut être tracée en passant par la première, mais plus au sud, elle est couverte et n'apparaît à nouveau à l'air libre qu'au-dessous du pont de la flotte, lorsqu'elle est ignominieusement appelée Fleet Ditch.

Le côté de la Tamise est encore bordé d'« escaliers pour prendre l'eau » qui partent des grandes maisons situées sur la marge, et il n'y a pas encore de remblai. Les ponts de Westminster et de Blackfriars offrent cependant un accès facile au côté sud. Le labyrinthe de la City n'est pas vraiment différent de celui d'aujourd'hui, sauf par l'omission de Cannon Street. L'hôpital de Bethléem est toujours visible et les remparts de la ville ont étrangement disparu. Ce que nous appelons maintenant Finsbury Square est marqué comme Upper Moorfields . Nous devons aller loin avant de nettoyer les maisons à l'est. Stepney et Bethnal Green sont assez densément peuplés et, bien qu'entourés de terrain découvert, sont reliés par des maisons depuis la ville . Mais dans le méandre de la rivière, près de Wapping , la zone principale est occupée par les jardins maraîchers. En passant de l'autre côté, on trouve les jardins maraîchers très visibles ; à mesure que Londres s'agrandit, elle éloigne d'elle ses sources d'approvisionnement. Le ganglion central de Borough Road et ses connexions en forme de rayons sont délimités. À une extrémité se trouve le « banc du roi », qui était proche de la mer Maréchale, associé à la « petite Dorrit ». La Marshalsea elle-même n'est pas balisée. Dickens était encore à venir, et ce n'est que grâce à ses écrits qu'il a suscité un intérêt sentimental. Une grande partie du bourg est en effet très marécageuse, et l'on remarque de fréquents étangs. Le "Chien et Canard", autrement dit "St. George's Spaw ", en est presque entouré.

Pour résumer avec les mots de Sir Walter Besant :

"Londres, au XVIIIe siècle, se composait donc d'abord de la ville, dont la quasi-totalité avait été reconstruite après l'incendie, seule une petite partie à l'est et au nord contenant les bâtiments les plus anciens ; un quartier des ouvriers à Whitechapel ; un quartier des avocats. de Gray's Inn au Temple, tous deux inclus ; un quartier au nord du Strand occupé par des cafés, des tavernes, des théâtres, un grand marché et les gens appartenant à ces lieux ; un quartier aristocratique situé à l'est de Hyde Park ; et Westminster, avec ses Chambres du Parlement, son abbaye et les pires bidonvilles de toute la City. De l'autre côté de la rivière, entre London Bridge et St. George's, se trouvait une High Street très fréquentée avec des rues à droite et à gauche ; la rive du fleuve était bordé de maisons depuis les jardins de Paris jusqu'à Rotherhithe ; il y avait des rues derrière St. Thomas et Guy's ; le marais de Lambeth s'étendait dans des champs ouverts et des jardins entrecoupés de ruisseaux et de fossés lents ; et le marais de Rotherhithe s'étendait également ouvert dans des prairies et des jardins, avec étangs et fossés à l'est....

« De n'importe quelle partie de Londres, il était possible d'entrer dans la campagne en un quart d'heure. On se rend compte de l'environnement rural de la City en considérant qu'au nord de Gray's Inn se trouvait une campagne ouverte avec des champs ; que Queen Square, Bloomsbury, avait son côté nord laissé volontairement ouvert afin que les résidents puissent profiter de la vue sur les collines de Highgate et de Hampstead. Sur la rive sud de la rivière Camberwell se trouvait un bosquet verdoyant; Herne Hill était un parc planté d'arbres majestueux; Denmark Hill était une forêt sauvage et boisée. ; les bois suspendus de Penge et Norwood étaient aussi beaux que ceux qu'on peut voir aujourd'hui à Cliveden ou sur les rives de la Wye » ( *Londres au dix-huitième siècle* , pp. 77-79).

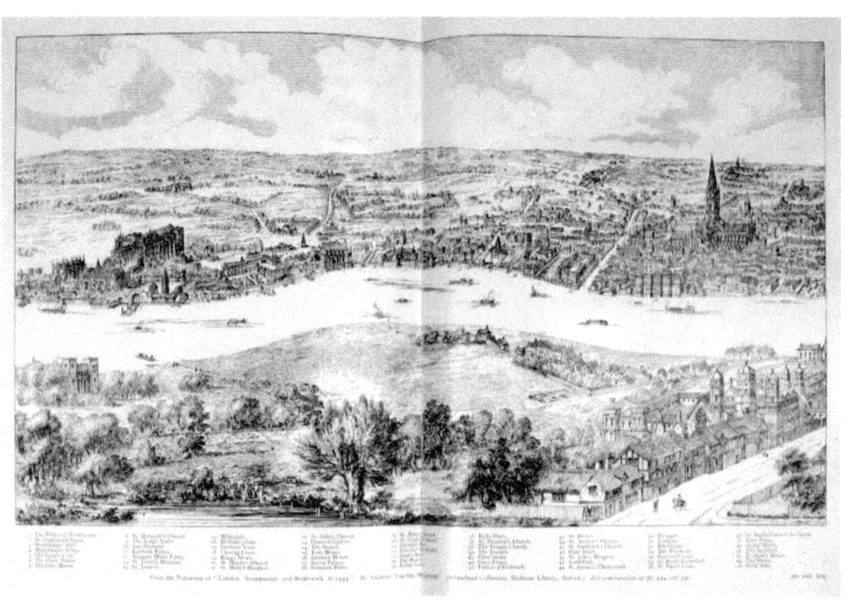

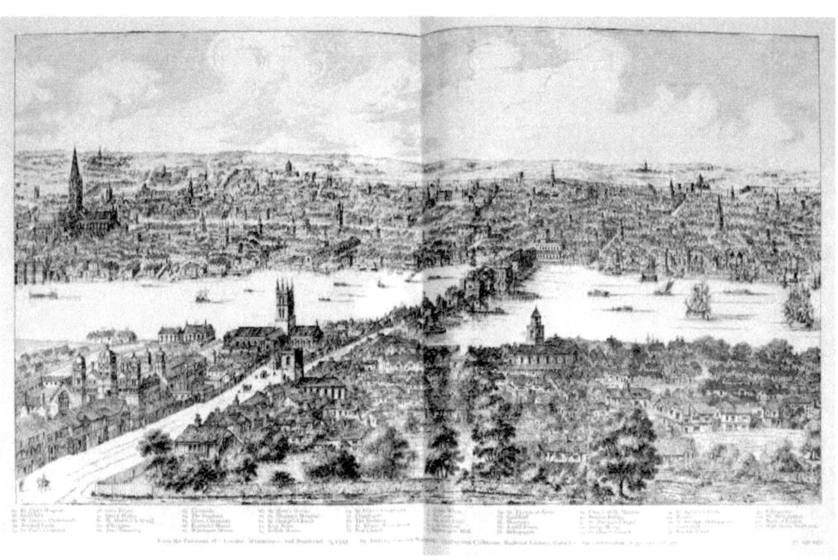

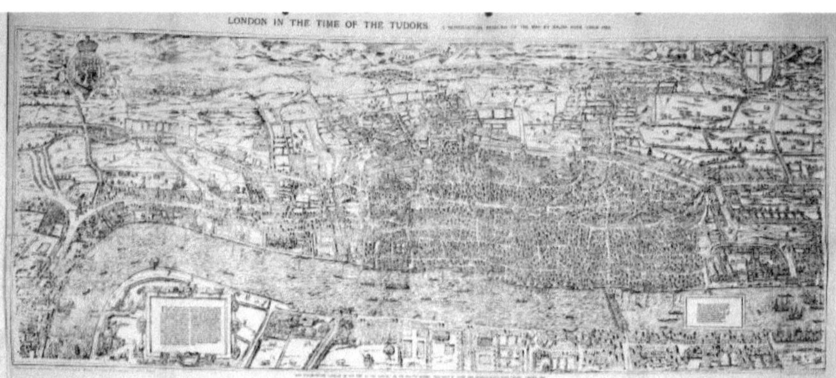
LONDON IN THE TIME OF THE TUDORS

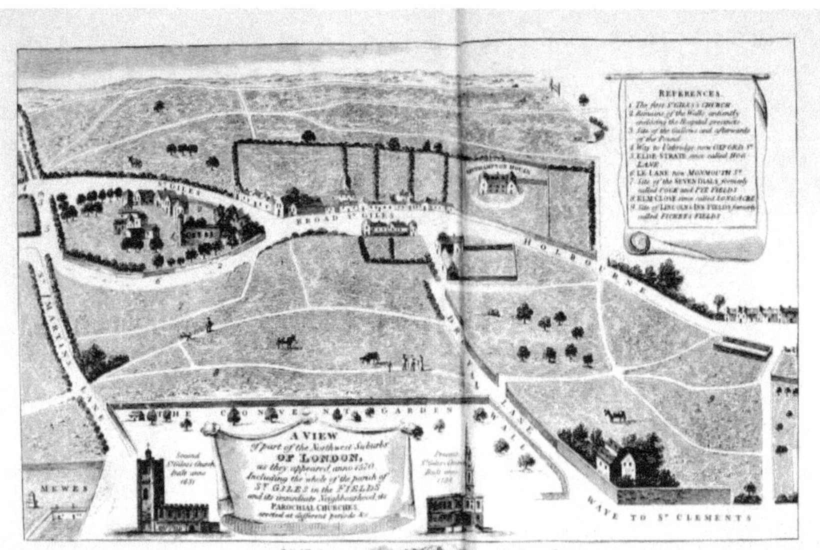
REFERENCES.
1 The first ST GILES'S CHURCH
2 Remains of the Walls antiently enclosing the Hospital precincts
3 Site of the Gallows and afterwards of the Pound
4 Way to Uxbridge now OXFORD ST
5 ELDE STRATE since called HOG LANE
6 LE LANE now MONMOUTH ST
7 Site of the SEVEN DIALS formerly called COCK and PYE FIELDS
8 ELM CLOSE since called LONGACRE
9 Site of LINCOLNS INN FIELDS formerly called FICKETS FIELDS
BROAD ST GILES
HOLBOURNE
ST GILES
ST MARTINS LANE
DRURY LANE
SOUTHAMPTON HOUSE
THE CONVENT GARDEN
MEWES
WAVE TO ST CLEMENTS
A VIEW
of part of the Northwest Suburbs
OF LONDON,
as they appeared anno 1570,
Including the whole of the parish of
ST GILES in the FIELDS
and its immediate Neighbourhood, its
PAROCHIAL CHURCHES,
erected at different periods &c.
Second St Giles's Church built anno 1631
Present St Giles's Church Built anno 1734
THE PARISH OF St Giles     in the Fields, LONDON.

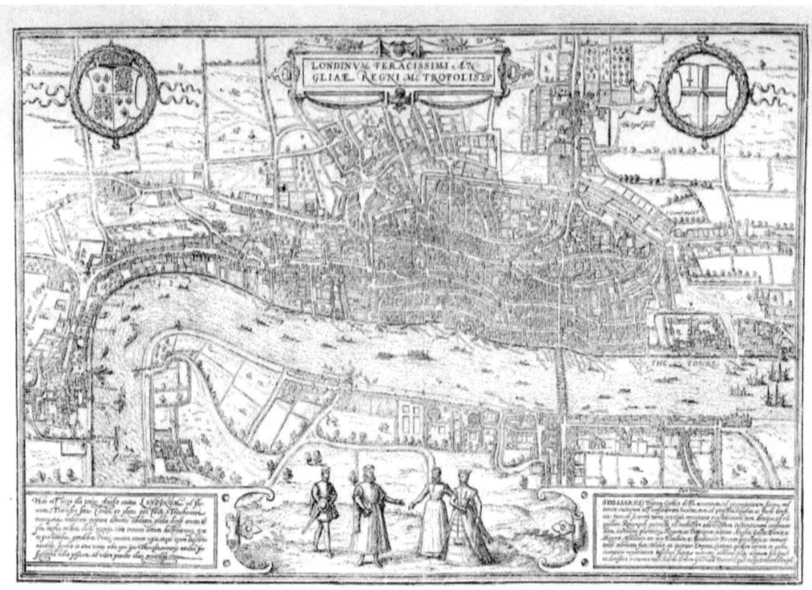

LONDINIUM FERACISSIMI ANGLIÆ REGNI METROPOLIS.

---

LONDON, 1593. By JOHN NORDEN.

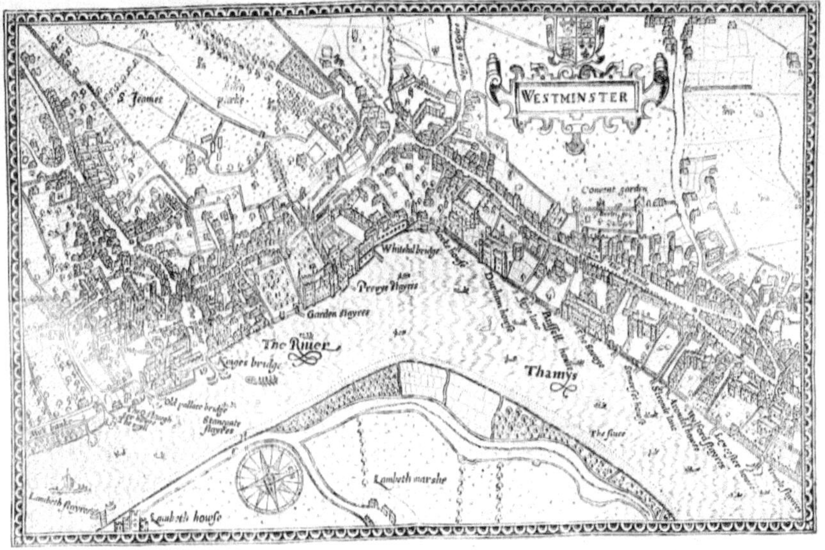


WESTMINSTER, 1593. By JOHN NORDEN.

CITY OF LONDON, 1658. By FAITHORNE AND NEWCOURT

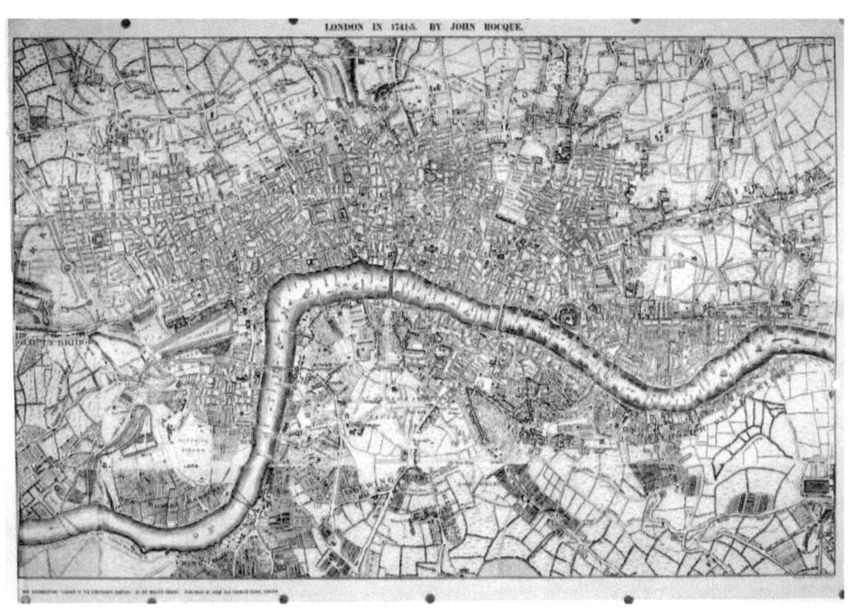

LONDON IN 1741-5. BY JOHN ROCQUE.

A LARGE AND ACCURATE MAP OF THE CITY OF LONDON

www.ingramcontent.com/pod-product-compliance
Lightning Source LLC
LaVergne TN
LVHW041802190726
843493LV00008B/2754